Kaëlle Grind

Pétales et
Pleurs

*Pour toutes les personnes ayant perdu le goût de
cette vie cruelle...*

© Kaëlle Grind, 2024
Édition : BoD · Books on Demand GmbH, In de Tarpen 42,
22848 Norderstedt (Allemagne)
Impression : Libri Plureos GmbH, Friedensallee 273,
22763 Hamburg (Allemagne)
ISBN : 978-2-3225-5703-5
Dépôt légal : Novembre 2024

AVANT-PROPOS

<u>Avertissement :</u>

Ce recueil aborde des thématiques assez sombres,
parlant beaucoup de sujets sensibles, tels que le mal-être, les tca, la déprime, le viol, les attouchements, l'abandon, l'anxiété et pleins d'autres choses.

J'espère que beaucoup de personnes se reconnaîtront à travers ce recueil et J'espère que certains d'entre eux vous aideront peut-être à vous reconstruire ?

Je mettrai les Tw (Trigger Warning) en début de poème si jamais...

Sur ceux, bonne lecture ! :)

SOMMAIRE

THÈME I
Mal-être

Fleur incomprise

Parfois, je me sens incomprise,
Ignorée et seule,
Les crises éclatent, je me vide,
On me juge et me traite de folle.

Parfois c'est sur le ton de l'humour,
Mais ça me désole qu'on pense cela de moi,
Je comprends ce que les autres ressentent,
Mais pourquoi je n'ai pas la même chose en retour ?

J'ai l'impression d'être aimée à moitié,
Juste un divertissement, un sourire de façade,
Mon bonheur n'est qu'illusion,
Une bouée à laquelle je m'accroche pour ne pas sombrer.

Comme une pluie d'été sans fin...

Comme une pluie d'été sans fin,
Mes larmes tombent en silence,
Les pensées futiles me tourmentent,
M'envahissent avec insistance.
Je voudrais penser à autre chose,
M'évader de cette obscurité,
Mais elles me retiennent prisonnière,
Sans pitié.

Dans mon esprit, je cherche la clarté,
Un rayon de soleil pour dissiper cette obscurité.
Je sais que le chemin sera difficile,
Semé d'embûches,
Mais je me sens faible face
À ces pensées qui me bousculent.

Dans chaque larme versée, je puise ma force,
Pour surmonter ces tourments, pour faire face à ma course.
Peut-être demain je retrouverai la paix,
Et mon sourire brillera à nouveau, sans doute.

Ma fleur se fane.

Elle était là, encore.
Elle avait toqué à ma porte.
Pour embrouiller mes pensées,
Et pour que je m'emporte dans mes larmes.
Elle n'allait pas me lâcher.
Elle ressassait mes angoisses,
Mes craintes, et mon anxiété.
C'est toujours quand je suis seule et tranquille qu'elle vient me
déranger.
Et voilà, elle avait gagné,
Je suis déprimée, ma fleur vient de faner.

Lorsque je suis accompagné je suis une belle rose, mais une fois seule mes pétales s'envolent.

On m'a volé mes pétales.

Tw : Viol.

Non était le seul mot qui pouvait sortir de ma bouche,
Pour être honnête je ne sais si je l'ai dit.
Ne t'es-tu pas senti sale après cela ?
Moi si, et depuis ton acte hante mes esprits.
J'ai beau me laver il n'y a rien à faire,
Je sentais encore tes mains sur mon épiderme.

Et j'ai pris du temps avant de réaliser,
Que tu m'avais arraché mes pétales,
Et que ma fleur avait perdu sa splendeur,
Quand tu m'as volé mon intimité.

Quand j'ai pris conscience je me suis isolé,
Avant de m'effondrer et de pleurer,
En me demandant sans cesse pourquoi tu avais fait ça,
Mais je savais que cette réponse je ne l'aurai pas.

Le vide.

J'en ressens l'envie profonde,
Mais sans raison, je m'interroge,
Ma fleur sombre dans le vide,
Dans l'ombre qui gronde.

Aucune émotion ne se manifeste,
Ni négative, ni positive en mon être,
Je suis neutre mais j'ai comme un vide qui persiste,
Un trou noir au fond de moi, où mes émotions s'éteignent peut-être.

Mes larmes coulent le long de mes joues,
Je suis perdue, dans cette sensation sans fin,
Pourquoi pleurer si je ne ressens rien ?
Le vide en moi, est un mystère qui se joue.

Ma gaieté s'en est allé.

Comme les éclats d'un vase brisé,
Ma gaieté s'en est allée,
À travers d'énormes fissures,
Si elles disparaîtront ? Je n'en suis pas sûr.

Je cherche à la retrouver,
Mais mes mains ne peuvent l'atteindre,
Bloquée par cette émotion épuisante,

Je tente de retenir ces larmes,
Si inutiles et pourtant si présentes,
J'étouffe mes émotions, pour ne plus rien ressentir,
Car cette souffrance me fait frémir.

Ma génération.

Ma génération est déplorable,
Certains disent des je t'aime à tout va,
Pourtant ils ne le pensent pas,
Leurs je t'aime n'est qu'un mot misérable,

D'autres ne le disent seulement par intérêt,
Peut-être que c'est parce que tu es à l'aise financièrement,
Et qu'on n'en a rien à cirer de tes sentiments,

Dans ma génération, on est capable d'aimer à moitié,
On peut ne pas aimer la personnalité mais plutôt la nudité d'une
personne.
On peut aussi faire partie d'une collection,
Une fois qu'on est acquis(e) on nous pose sur le bureau.

Pétales arrachés

Tw ; Attouchement.

Et une fois de plus,
C'était encore moi
Je ne ressentais pas d'émoi,
Quand il est venu croiser mon chemin,

Il s'est mis à sourire,
Sûrement à me prendre pour acquise,
J'avais déjà senti qu'il n'était pas net,
Mais il n'écoutait pas, quand je lui disais « arrête ».

J'étais juste bloquée,
Il ne me laissait pas m'en aller,
Il s'est mis à me toucher,
Là où ses mains ne devraient jamais aller,
Puisqu'il ne me l'avait pas demandé.

Même mes pétales ne comblent pas la solitude de ma rose…

Encre de solitude.

Elle a beau le cacher,
La réalité reviendra encore,
Même si elle tente de l'esquiver,
Cette dernière lui rira au nez et ne lâchera pas.

Son monde, tels les abysses de l'enfer,
Lui murmure « assez ! »,
Mais ses pensées,
Ne cessent de l'étouffer.

Elle aimerait juste rentrer à la maison,
Pour faire taire la voix de ses démons,
Loin des regards indiscrets,
Elle se vide de ses maux.

Son faux sourire s'efface,
Elle est si fatiguée,
Le masque, elle le lâche.
Car la vérité est trop lourde à porter.

Pétales sans paix.

Mon cœur est fatigué,
De cette douleur,
Et de moi-même,
A force de retenir mes larmes,
Pensant me sentir surhumaine,
Je me suis brisée sans le savoir.

Plus le temps passe,
Plus je me lasse,
De cette beauté inébranlable,
Et si épineuse qu'est la vie.

Et je ne pourrais jamais me libérer,
Ni même me soulager,
Car même si je le faisais,
Je n'y trouverais pas la paix,
Je serais toujours en vie,
Car tout vivant dispose d'une âme.

Et l'âme ne meurt pas-

Anxiété

Dans l'obscurité de mes pétales tourmentées,
L'anxiété s'immisce,
Et me fait vaciller,
Mon cœur s'emballe,
Et mes mains tremblent,
C'est un tourbillon d'émotions
Qui me démonte.

Chaque souffle est un défi, un combat,
Contre les vagues d'inquiétude
Qui me submerge sans répit.

Des pensées envahissantes,
Une tension constante,
Je cherche un refuge pour calmer mon anxiété.

Les traumatismes

C'est une grosse cicatrice qui ne s'efface pas,
Elle grandit avec toi et peut-être éternellement,
Malgré la taille de cette entaille,
Survivre à cela est assez remarquable,

Ils sont comme un petit monstre
Jouant à cache-cache,
Ils disparaissent pendant un moment
Avant de revenir nous hanter,
C'est une tumeur qui ne nous abandonnera jamais.

Et même si on finit seuls,
Ils seront toujours là pour nous pourrir la vie.
Ça se trouve ils nous amèneront
Peut-être de la compagnie.

La répression

Je me retins,
Mon cerveau me crie sans effroi,
« Ne pleure pas »,
C'est comme si pour lui,
Pleurer était enfantin,
Mais quand comprendra-t-il,
Qu'il est en train de me détruire ?

Phobie

Il y a ce lieu,
Auquel je suis habitué d'y aller,
Mais il lui en faut peu,
Pour me faire ressentir l'anxiété.

J'ai l'impression d'être en enfer,
Ça tambourine dans ma tête,
Et pour détendre l'atmosphère,
Je m'enferme aux toilettes.

Et cet enfer ne s'arrête pas,
Ce n'est pas dans ce lieu que je me sens chez moi,
Rien qu'en y penser,
Je me mets à angoisser.

Un petit moment pour toi…

Au fond de toi, tout va mal.
Et pour ne pas paraître trop désagréable tu ne parles pas, tu ne te confies pas.
On sait à quel point ça peut faire mal, alors écris ce que tu ressens, personne ne le lira.
Ne laisse pas la tristesse t'envahir et t'autodétruire.

Boulimie.

Tw ; TCA.

Elle fait partie d'un de mes combats intérieurs,
Je mange sans fin, puis j'ai peur.
La nourriture est douce, mon réconfort,
Mais laisse derrière moi un poids, un remord.

La faim me hante et m'est cruelle,
Elle me murmure à l'oreille
Des promesses éternelles,
Je m'abandonne à elle, la fourchette en main,
Mais à chaque bouchée le vide me revient.

Pétales enflammés

Dans nos mots employés,
On cache une vérité,
Socialement parlant, l'injustice se montre,
L'un est banalisée, l'autre se dénonce.

Maintenant qu'on en parle,
L'agacement est grand,
Pourquoi le viol est-il plus pris
En compte que l'attouchement ?

Les douleurs sont semblables, tout autant,
Dans les deux cas tu te sens mal pourtant,
Tu te sens sale,
Mais la société juge cela inégale.

Certains ne réalisent pas, ne voient pas l'impact,
L'attouchement a été banalisé, c'est un fait exact,
« Il t'a juste touché(e), ça va passer »
C'est ce qu'on laisse entendre, à travers des « Désolé(e) ».

Pour le viol, la gravité est reconnue,
Mais pour l'attouchement, on minimise, on diminue,
Alors que les deux sont graves, les deux font mal.
Dénoncer l'impact du viol, c'est vital,
Mais l'attouchement doit aussi avoir son tribunal,
Les souffrances doivent être entendues et reconnues,
Et la justice doit être rendue.

Manque

Se faire aimer, en vérité,
Je ne sais pas ce que c'est, cette réalité.
Mes proches m'en donne suffisamment,
Mais j'ai toujours ce manque
Qui me tourmente constamment.

Peu importe où j'allais, on me rejetait,
Si régulièrement durant ma jeune enfance,
Pour que je comprenne
 Que je suis marginale par essence.

J'ai aussi compris que peu importe la galère,
Personne n'allait m'aider dans cette misère,
J'étais comme la bouffonne et la meilleure amie,
Du roi à la fois, un paradoxe infini.

Je ne suis là que pour faire sourire,
Mais quand arrive la galère,
Tout le monde fuit, me faisant souffrir.

THÈME II

Amour

Tu sais…

Je ne sais pas comment ça s'est passé,
En quelques temps t'es entré dans mes pensées.
T'étais censé être juste mon pote,
Au fil des jours c'est parti en compote.

Il y a cet tension quand nos regard se croisent,
Mais j' me sens attirée, comme si t'étais ma drogue,
Et j'ai tellement envie de te l'avouer mais je bug.

Parce que j'ai peur de tout niquer,
Je ne veux pas te voir t'éloigner,
Alors je préfère ne rien t'avouer,
Espérant ne pas tout gâcher.

Ma pétale affective.

Je ne suis plus moi-même,
C'est le regard des autres,
Ou plutôt dans ce regard,
Que je tente de me sentir moins laid(e).

C'est si complexe,
Mais si tendre,
Que je me laisse prendre par ce piège,
Que me présente ma dépendance affective.

Je ne dépends que de lui,
Ou bien d'elle, peu importe,
Tant que je ne me sens pas seule,
Je me laisse emporter par sa douceur,
Pour pouvoir me protéger de cette douleur.

Son amour est pour moi obsession,
Que je prends pour guérison,
Mais en vérité c'est une prison,
Une addiction envers cette personne,
Qui m'est si chère,
Et je crains qu'elle ne m'abandonne.

Je n'ai jamais songé,
A m'aimer moi, plutôt qu'un(e) autre,
Ou même à prendre confiance en moi,
et à mon développement.

Peut-être devrais-je, sans doute,
Commencer par cela,
À le laisser être pour moi,
Un petit plus pour mon bonheur,
Et non une nécessité pour mon petit cœur.

Pétale lumineuse

Il est plein de bonté,
De chasteté et d'honnêteté,
Il est bourré de gentillesse,
Il brille comme un soleil
Un vrai trésor sans pareil.

Il sait toujours me faire rire
 Et me mettre de bonne humeur,
Toujours là pour m'encourager,
C'est un véritable sauveur.

Même s'il porte des cicatrices invisibles,
Son sourire rayonne, tel un lever de soleil indicible.
Un survivant, fort et courageux,
Son histoire est mystérieuse, mais précieuse.

On ne parle pas toujours, c'est vrai,
Mais mon amour pour lui
 Ne cesse de grandir à jamais.

Daddy issues

Dans l'ombre de mon père,
J'ai cherché l'amour,
Je lui en ai donné,
Mais je n'en ai pas eu en retour,
Son silence m'a brisé
Et m'a laissé sans secours.

J'ai besoin de son affection,
Mais il n'y prête pas vraiment attention,
Son abandon me laisse seule.
Et c'est pour combler ce manque,
Que je me suis perdue,
En le cherchant chez d'autres hommes,
Pensant que ce soit sincère et absolu.

Dans des liens faibles
Et des promesses vaines,
C'est à la quête de l'amour,
Que je m'entraîne.

Un petit moment pour toi.

Si tu devais lui dire tout ce tu ressens à son égard, qu'est-ce que ce serait ?

_____
_____
_____
_____
_____
_____
_____
_____
_____
_____
_____
_____
_____
_____
_____
_____
_____
_____
_____
_____
_____
_____
_____
_____
_____
_____
_____
_____
_____

Pétales Éphémères

Je me rappelle ce baiser,
Que nous nous sommes échangés,
Mais si j'avais su que tu partirais après,
Jamais je ne l'aurai fait.

Fleur brisé...

C'est fou quand j'y pense,
Dans ce monde rempli de ronces,
Il était là comme un enfant curieux, c'était intense.

J'étais la fleur, belle et épanouie,
Et lui, le petit gars qui s'amusait dans la prairie.
Il m'a remarquée, ça a attiré son attention,
Il s'est approché avec affection.

Je ne sais pas s'il m'a trouvée jolie,
Mais je sais qu'il m'a fait un sourire rempli de folie.
Un grand charmeur, un vrai acteur,
Jamais je n'aurais cru qu'il me ferait mal avec tant de douceur.

Il a arraché mes pétales une par une,
Laissant ma fleur meurtrie sans revenir sur ses pas,
Mais malgré tout, j'ai gardé en moi,
Ce moment où nos regards se sont croisés,
Une émotion si intense qu'elle en est gravé.

Une fleur à part.

À chaque fois que l'on se parlait,
J'arrêtais tout ce que je faisais,
Je pouvais rester jusqu'à pas d'heures,
Parce que je ne savais pas si tu reviendras,

Et quand tu ne revenais pas,
Je ne perdais pas espoir,
Car au fond je savais qu'on allait se revoir tôt ou tard.

Je me disais que ce n'était pas grave,
Avec toi j'avais l'impression d'être sur Wattpad,
Car comme toutes les sagas de là-bas,
Je passais un long moment sans toi.
Même si tu n'avais pas le temps de me parler,
Tes signes de vies allumaient ma gaîté.

Et je n'ai jamais cessé de patienter,
Tél une personne sur le quai attendant son train,
Qui n'allait pas se montrer avant demain,
Alors sans répit, je suis restée.
Alors que j'aurais pu rentrer
Et tenter un autre trajet.

Mais je n'y arrivais pas,
Tu réapparaissais de façon si inattendue,
Et c'était reparti pour la routine.
Je ne quittais pas la conversation une seconde,
Et je me sentais changer de monde.

Mais maintenant,
Tu prends plus de temps que celui d'une grossesse,
J'ai l'impression de te demander des prouesses,
Ça finit par m'irriter.

Et ma patience a des limites,
Tu ne me verras plus sur le quai,

C'était ma dernière visite.

Fleur déçue

Je t'admire et je te contemple,
Dans tes yeux, c'est mon monde qui tremble.
Même avec ça, j'ai fini déçu,
 Et ma déception, comme une lame,
Transperce mon cœur,
Et brûle mon âme.

Je croyais en toi, en tes promesses,
Mais tu m'as trahi, semé la détresse.
La déception m'enveloppe, me consume,
Et je me perds dans l'amertume.

Je t'admirais, je te voyais si grand,
Mais maintenant, je me sens impuissant(e)
La déception, une ombre qui m'envahit,
Et je me demande si pour toi,
Je n'étais qu'un pari ou un défi.

Mais même si ça me fait mal,
Je me relève, je me bats, je reste loyal.
Car l'admiration, même si elle se fane,
M'inspire à poursuivre mes rêves,
À trouver ma voie, ma trame.

Pétales d'ombres

J'ai compris que c'était un amour toxique,
Quand notre relation reflétait,
La douleur et la critique,
Nos liens m'étouffaient, me rendait malade.
Je t'aimais trop, je me suis oubliée,
Dans tes bras, je me sentais piégée.

Je croyais que c'était de l'amour,
Mais c'était une illusion, un détour.
Tes paroles douces masquaient la vérité,
Et mon cœur souffrait, enchaîné.

Tu étais un poison dans ma vie,
Je me noyais dans tes mensonges infinis.
Chaque jour, je me perdais un peu plus,
Dans cette relation qui me rendait confuse.

Un petit moment pour toi…

Prend ce petit moment pour réfléchir à la place que prend l'amour dans ta vie. Que tu sois en couple ou célibataire, Écris ci-dessous tes pensées, tes espoirs ou tes expériences vis-à-vis de tes sentiments.

_____

_____
_____
_____
_____
_____
_____
_____
_____
_____
_____
_____
_____
_____
_____
_____
_____
_____
_____
_____
_____
_____
_____
_____
_____
_____
_____
_____
_____
_____
_____
_____
_____
_____

Attirance

Encore une fois,
Je ne lui parlai pas,
Je n'eus même pas fait attention,
À cet humain rempli d'affection,

Au début je le trouvai énervant,
Mais ces derniers mois,
Il s'est montré élégant,
Et suffisamment intelligent,
Pour m'apprendre certaines choses.

J'ai tendance à le comparer à un loir,
Avec ses cheveux noirs,
Et ses yeux bruns,
Il m'arrive d'être blasé,
Quand je le retrouve au petit matin.

Et j'ai l'impression,
Que dans la journée,
Je vais encore le croiser.

THÈME III
Abandon

Pourquoi...

Depuis que tu es parti,
Ton visage hante mes esprits,
Nos discussions à heure tardive,
Et nos rires aussi...

Je me demande bien où j'ai pu foirer,
Pour que tu aies envie de me laisser,
Je me demande aussi ce que tu deviens,
Ou s'il t'arrive de penser à moi.

Nous n'étions qu'amis,
Je le sais, et ça me suffisait fortement,
Mais c'est ce que tu voulais non ?
Alors pourquoi tu ne me réponds plus ?
Pourquoi tu me lâche des vus ?

Donne-moi une raison,
Moi je ne t'en ai jamais voulu,
Alors pourquoi tu ne me parle plus ?

Accepter

Aujourd'hui j'ai compris,
Que je devais affronter l'abandon,
Mais je n'ai pas d'issues à l'horizon,
Pour pouvoir réussir à tourner la page.

Peut-être devrai-je, le ou la détester un peu,
Ça ira sans doute mieux,
Il faut vivre sans la personne qui nous a fait mal,
Si elle est partie, c'est qu'elle n'était pas si fiable.

C'est vrai que c'est dur, mais j'en suis bien capable,
Ça me rendra plus fort(e) et spécial.

Peur

Putain que je déteste,
Ce sentiment d'avoir tout raté,
Alors que ce sont eux qui me blessent,
Mais je me force à me répéter :
« Laisse, passe l'éponge »
Pour renouer les liens que j'ai cassés.

Pourquoi ces liens ne sont jamais solides,
Ma vie se remplit de stress,
Je sens que mon cœur se compresse,
Tout ça parce que je crains mes faiblesses.

Si tu savais…

Toutes les larmes que j'ai versées,
Me demandant pourquoi tu m'as laissé,
Dans mon cœur, une lame plantée,
Je ressens la douleur.
Torturé par le doute,
Mon cœur en pleurs,
Je me suis forcé à changer,
De toutes les manières,
Mais à chaque fois, quelque chose clochait,
Et ça me faisait mal, bordel,
Quand tu t'en allais si fière.

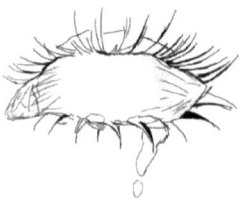

Un petit moment pour toi

Écris ce que tu as ressenti lorsqu'iel est parti(e)

Absence déconcertante

Il y'a du bruit, mais pas de sons,
Les parents sont là, mais souvent absents,
Occupés dans leur monde, les yeux rivés sur leurs écrans,
Je me sens seul(e), perdu(e) dans le grand salon.

À table, on mange en silence, les mots se cachent,
Je montre mes dessins, mes rêves, mais ça passe,
Ils hochent la tête, distraits, toujours pressés,
Comme si mes histoires n'avaient jamais existé.

Leurs téléphones brillent, leurs doigts dansent,
Mais moi, je suis là, dans l'ombre de leur absence,
Ils disent qu'ils m'aiment, qu'ils font tout pour moi,
Mais l'amour, en fait ils ne le montrent pas.

Parfois je crie, dans ma tête, en silence,
Je voudrais qu'ils voient, qu'ils comprennent ma souffrance,
Donc le soir, je m'endors avec l'espoir,
Qu'un jour, ils se réveillent, et voient mon regard.

Fleur fanée

Les jours passent, et les visages changent,
Les amis d'hier deviennent des personnes étranges,
Certains cachent leurs véritables intentions,
Des sourires trompeurs, des fausses émotions.

On traînait ensemble, inséparables, on disait,
Mais petit à petit, les liens se sont effacés, les masques sont tombés,
Leurs paroles, leurs regards, tout s'est transformé.

Les promesses d'amitié, les rêves partagés,
Sont devenus des souvenirs, des fleurs fanées,
Je cherche des raisons, je refais le passé,
Mais tout semble vide, mon cœur est blessé.

J'ai cherché des explications, des mots de réconfort,
Mais le silence est lourd, il me pèse, il me mord,
Je pensais que l'amitié, c'était pour toujours,
Mais parfois, les plus belles histoires s'achèvent court.

Je vois les autres, ensemble, ils continuent,
Mais sans moi, comme si j'avais disparu(e).

Dans la foule

Leurs vies vont trop vite, tout s'efface,
Et toi, t'es là, à chercher ta place,
On te regarde sans te voir vraiment,
T'existes, mais seulement vaguement.

Les amis sont devenus des fantômes,
Des gens que tu croises sans dire un mot,
Ils t'oublient dans les groupes, dans les soirées,
Et toi, t'attends juste de te faire remarquer.

THÈME IV

Déclic

Si tu lutte pour ne pas aller mal, c'est qu'au fond, tu ne vas pas bien mentalement. Et les menteurs te diront que ça passera avec le temps.

Les complexes.

On a tous cette manie de se comparer aux autres,
De vouloir leur ressembler, pensant être moins beaux ou belles.
Mais en réalité, on est tous uniques, exceptionnels,
On devrait s'accepter tels qu'on est.

C'est drôle, souvent on complexe sur quelqu'un qui complexe aussi,
Une ironie de la vie, une situation qui nous fait réfléchir.
Mais si on ne se rends pas compte de sa valeur,
Personne d'autre ne pourra le faire à notre place.

Votre beauté ne sera jamais solide, totalement épanouie,
Si vous n'avez pas confiance en vous, si vous n'aimez pas votre joli
visage.
Alors croyez en vous, faites briller votre lumière, soyez fier(e)s de
qui vous êtes,
Car c'est là que réside votre véritable beauté.

Souffrance interne.

Cette vie est étouffante,
Remplie de vices et de tracas,
Des traumatismes nous enchaînent vers le bas,
Souffrance déconcertante.

Passer ses heures à pleurer,
Dans une chambre sans fin,
Des idées noires défilant dans la tête,
L'envie de se libérer augmente.

Tout cela est très dur à porter,
Mais ne renonçons pas,
La vie, malgré qu'elle soit complexe,
Recèle ses moments de bonheur.

Et même si cela prendra du temps,
Joie et sérénité reviendront,
Gardons espoir et persévérons,
Car malgré les coups bas,
La vie est belle,
Et il faut l'aimer pour mieux la vivre.

Et que dirions-nous à ceux qui nous entourent,
Ceux qui pleureront sur notre sort ?
Ne leur imposons pas ce lourd fardeau.

La vie est un combat,
Trouvons les armes pour l'affronter,
Avec un sourire,
Retrouvons notre joie de vivre.

Cette vie,
C'est votre histoire, votre roman,
Alors faites-le joyeux,
Qu'il rayonne de bonheur,
Soyez heureux.

Leurs pétales blessent.

« Tu racontes trop ta vie »
C'est ce qu'on m'a dit,
Au début, j'avais eu mal,
J'avais l'intention de ne plus parler.
Mais j'y ai réfléchi, et j'ai commencé à sourire.

Merci de me l'avoir dit,
J'avais oublié le fait que,
Moins on en sait, plus nos objectifs peuvent réussir.

Écrivez

L'écriture est une bouée,
Qui sert à nous évader,
Quand on ne sait pas où on est,
Et qu'on a du mal à en parler.

Elle sert à évacuer ces sentiments affreux,
Qui nous emmerde,
Et qui nous empêche d'être heureux,
C'est un peu la seule qui nous vient en aide.

L'écriture peut nous sauver,
Une fois le sac vidé,
C'est comme un poids qui nous est retiré,
Ne restez pas isolé,
Si vous ne pouvez pas en parler,
Alors écrivez.

Comment comptes-tu retrouver tes pétales
Si tu te plonges dans les larmes et le désespoir ?

Apprendre

Pour se faire aimer, commence par toi,
Accepte tes défauts, et crois en tes choix,
Car la meilleure façon d'avancer,
Est en apprenant à s'accepter.

Fixe-toi des objectifs, et fait tes efforts,
Transforme tes rêves en réalité, tu trouveras le port.
Tu es unique et spécial,
Chacune des tes imperfections contribue à ton idéal.

Ne cherche pas à changer pour plaire aux autres,
Ils ne t'aimeront jamais réellement,
Et te détesteront à la moindre faute,
Ils ne dictent pas ta valeur,
Ton assurance elle si, et elle se construit dans ton cœur.

Aime tes différences, tes meilleures qualités,
Seuls les cœurs sincères aimeront ta personnalité,
Et verront ta vraie valeur,
Soit toi-même, n'efface pas tes couleurs.

S'il n'est pas là pour ta personnalité,
Mais uniquement pour te baiser,
Alors tu dois le quitter,
Sinon tu risques d'être en danger.

Un petit moment pour toi.

Pour se reconstruire, il faut améliorer son état d'esprit.
As-tu deux ou trois petites impressions sur comment tu pourrais
faire ? Si oui, écris ci-dessous.

Si on changeait notre façon de la voir, peut-être que la vie serait plus agréable à vivre.

Je suis fière de toi

Je suis fière de toi,
Car malgré tout cela,
Tu es toujours là,
Et tu ne renonces pas.

Des jours où t'as eu envie de pleurer,
Des nuits où t'as juste voulu crier,
Mais tu as tenu bon, tu as lutté,
Et aujourd'hui, regarde comme tu es.

Tu t'es toujours battu(e)
Alors que tu ne voulais plus,
T'as trouvé la lumière,
Dans un monde qui semblait amer.

Aujourd'hui, tu tiens encore,
Plus fort(e) qu'avant, plus fort(e) qu'hier.
Et même si tu as douté parfois,
Moi, je suis fière, fière de toi.

FIN

Remerciement

Hey !

Je ne sais même pas par quoi commencer…

En vrai j'ai presque attendu ce moment toute ma vie, mais je vais faire simple ; Merci.

Je n'ai pas trop les mots pour vous dire à quel point je suis reconnaissante, Ce recueil, il est bien plus que des mots sur du papier. C'est une partie de moi, une partie de ce que je vois chez les autres et une partie de mes peurs. Et vous, vous avez pris le temps de le faire vivre.

Parfois j'écris pour comprendre, pour me retrouver. Mais vous m'avez montré que dans un monde où l'on se sent invisible, il y a encore des gens qui écoutent et qui comprennent.

Et écrire, c'est plus simple que de parler.

Merci d'avoir pris le temps d'explorer ces pages, j'espère avoir fait de mes mots un endroit où vous vous êtes retrouvés, vous aussi.

Un grand merci à Awen, qui m'a soutenu alors que je commençai déjà à abandonner.

BISOUS BISOUS <3